Dr. Johannes und die Erste Hilfe

Dieses Buch gehört:

Ein Video zu diesem und anderen spannenden Themen gibt es hier:
johannes-erklaert-medizin.de/videos/qr-code/

Überall, wo du einen solchen QR-Code siehst, gibt es ein spannendes Video zu sehen: Du kommst automatisch auf die Website von Dr. Johannes, der dort eine Vielzahl von kurzen Videos vorbereitet hat – zu Themen, die alle mit unserer Gesundheit zu tun haben. Dr. Johannes arbeitet im Hauptberuf als Arzt in einer großen Hamburger Klinik, seine ganze Leidenschaft gilt aber seiner Website **www.doktor-johannes.de**. Hier erklärt er medizinische Begriffe, beschreibt, wie man Krankheiten erkennt und behandelt. Und so kannst du das Video sehen: Auf vielen Smartphones sind Barcode-Scanner installiert, mit denen du den QR-Code scannen kannst. Du landest direkt beim Video und brauchst nur noch den Film zu starten.

Fátima Mesquita

Dr. Johannes und die Erste Hilfe

Mit Illustrationen von Fábio Sgroi

Herausgegeben von Dr. Johannes Wimmer

Deutsche Erstausgabe 2015
1. Auflage 2015
Redaktion 4 GmbH, Hamburg
www.redaktion-4.de

Illustrationen: Fábio Sgroi
Erschienen bei
Panda Books, São Paulo, Brasilien
Titel der Originalausgabe: „Pronto para o Socorro"
ISBN: 978-3-00-050458-7

Herausgeber: Dr. Johannes Wimmer
Verlag: Redaktion 4 GmbH, Hamburg
Übersetzung und Überarbeitung der Illustrationen: Teresa Nunes
Redaktionelle Überarbeitung: Tanja Eberlein
Schlussredaktion: Frank Schumann
Druck und Bindung: WIRmachenDRUCK GmbH
Printed in Germany

Das ist kein wissenschaftliches oder medizinisches Buch. Es ist ein Buch über kuriose Sachen, die mit unserem Körper zu tun haben, mit keinem weiteren Anspruch, als zu unterhalten und das Interesse der Leser für dieses Thema zu wecken.

Mit diesem Buch möchte ich
meiner Mutter danken, die immer für mich
da war und mir immer geholfen hat,
wenn ich krank war und ich mich (igittigitt!)
mitten in der Nacht übergeben musste.
Es ist für dich und die anderen Kinder gedacht,
die immer schon einmal wissen wollten,
was da eigentlich genau mit dem Körper passiert,
wenn man sich wehtut. Das Buch ist so
geschrieben, dass jeder es verstehen
kann. Du kannst deinen Freunden in einfachen
Worten erklären, wie eure
Körper und die Medizin funktionieren.

Gleich vorweg

Unfälle passieren, denn wir sind keine Roboter, weder du noch ich. Aber es ist auch wahr, dass viele Unfälle vermieden werden können. Ich zum Beispiel spiele nie mit Messern oder anderen Dingen, die scharfe Spitzen haben – Scheren, Nadeln, Rasierklingen, Grillspieße ... Ich mache auch keine Spielchen mit dem Feuer, mit heißem Wasser oder mit Töpfen auf dem Herd. Und Dinge, die im Backofen sind, wage ich nicht mal anzufassen. Ich spiele auch nicht mit dem Feuerzeug oder mit Streichhölzern und noch weniger mit Spiritus. Und hast du eine Ahnung, warum? Weil ich schon weiß, dass es mich verletzen könnte. Ich ziehe es tausend, zweitausend, dreitausend Mal vor, ganz ohne Verletzungen, Wunden, Schmerzen, Pflaster, Gips und Fäden im Gesicht zu leben ... Und du?

Nun hoffe ich, dass du auch so denkst wie ich und schnell lernst, dieses Ungeheuer namens **Unfall** zu vermeiden. Aber manchmal geschehen Unfälle einfach! Sie passieren, auch wenn wir denken, dass wir vorsichtig bis zum Gehtnichtmehr sind. Und falls es einen Unfall gegeben hat, ist es gut zu wissen, wie unser Körper funktioniert. Und wie die Ärzte, Ärztinnen, Pfleger und Krankenschwestern arbeiten, damit du wieder fit wirst und laufen, schwimmen, hüpfen, Witze erzählen, herumalbern, Fußball spielen, am Computer hocken, ins Schwimmbad, zum Strand oder auf einen Bauernhof gehen kannst – gesund und munter.

Aua, aua, aua

Ist es dir schon mal passiert, dass du beim Spazierengehen auf dem Bürgersteig gestolpert bist? Oder bist du mal auf dem Schulhof weggerutscht, als du überglücklich rumliefst? Schon mal vom Fahrrad gefallen? Voll auf den Asphalt oder den Beton geknallt? Oder vom Skateboard geflogen?

Wenn wir mitten in einer schnellen Bewegung stürzen, kann das Schürfen auf rauem und hartem Material wie Asphalt, Kies oder Beton Teile von unserer **Haut** aufreißen – wie eine Käsereibe. Die Lieblingsopfer sind in der Regel Knie und Ellbogen, die hinterher fürchterlich brennen.

Was dann passiert, hat mit den drei Schichten deiner Haut zu tun: Oberhaut, Lederhaut und Unterhaut. Deine Haut ist wie ein kleines Haus aufgebaut – schau dir ihre drei Stockwerke an!

DACHGESCHOSS = Oberhaut oder Epidermis (das sagen wir Ärzte gerne dazu): Das ist der Teil, den du jeden Tag siehst und beim Duschen wäschst. Wenn der Kratzer nur ein klitzekleines Stückchen von deiner Oberhaut „frisst", blutet es noch nicht einmal.

ERDGESCHOSS – Lederhaut oder Korium (auch so ein Ärztewort): So heißt die Schicht direkt unter der Oberhaut. Wenn der Kratzer diese Ebene erreicht, blutet es ein wenig, weil die Lederhaut ein paar sehr feine Adern in sich trägt.

KELLER – Unterhaut oder Subkutis (nun aber erst mal Schluss mit Arztworten): Das ist die tiefste Schicht deiner Haut. Wenn die Verletzung bis dahin gelangt, tut es mehr weh und es kann mehr Blut fließen.

Die **Oberhaut** funktioniert wie eine Schutzmauer. Sie schützt alles, was in deinem Körper drin ist. Die **Lederhaut** ist eine Schicht mit ein paar sehr wichtigen Funktionen.

- Nervenenden: Sie sind dafür verantwortlich, dass wir Schmerzen, Juckreiz, Kälte oder Wärme empfinden.
- Schweißdrüsen: Sie produzieren und stoßen unseren Schweiß aus.
- Haarfollikel: Hier entstehen die Härchen und die ganze Haarpracht unseres Körpers.

Die **Unterhaut** ist ein lockeres Bindegewebe, das die oberen Hautschichten mit der Knochen- und Muskelhaut verbindet.

Überall ausgebreitet

Nun ja, es hört sich komisch an, aber die Haut ist in Wahrheit ein Körperorgan – genau wie dein Herz, das dein Blut pumpt, deine Lunge, die Luft rein- und rauslässt, der Darm,

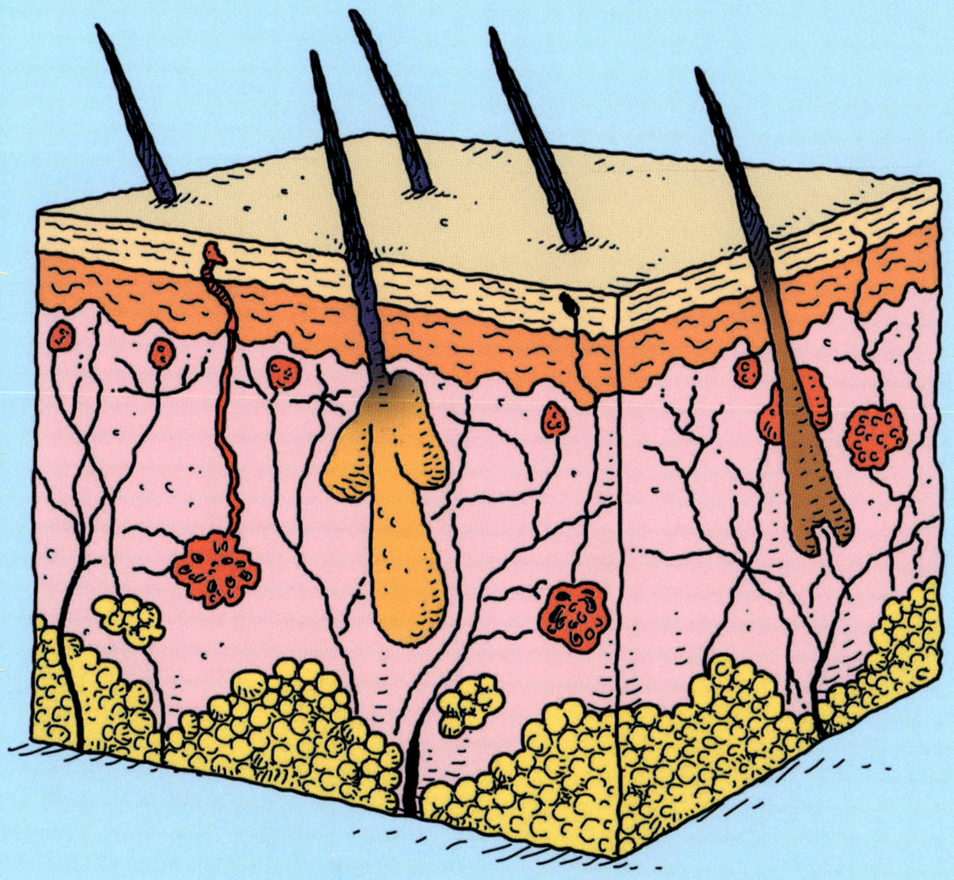

der dein Kacki aufbewahrt, und die Blase, die deinen Urin, also dein Pipi, staut. Alles das sind **Organe.** Vielen fällt es schwer, sich die Haut als Organ vorzustellen, weil sie sich über den ganzen Körper breitmacht. Aber glaub mir, die Haut ist ein verdammt wichtiges Organ. Und das größte unseres Körpers!

Was die Haut so besonders macht, ist, dass sie – anders als das Herz, der Darm oder die Blase – nicht geschützt und verborgen in deinem Körper liegt. Nix da! Die Haut ist eine Art schlaue Kleidung mit vielen Funktionen. Sie bewahrt und beschützt alles, was in deinem Körper steckt: das Blut, die Adern, das Herz, das Gehirn, die Knochen, die Blase, den Darm, alles! Ohne die Haut um uns herum würde nichts an seinem Platz bleiben, und keiner von uns hätte seine eigene Form. Wir wären alle ungelenke Wesen, hässlicher

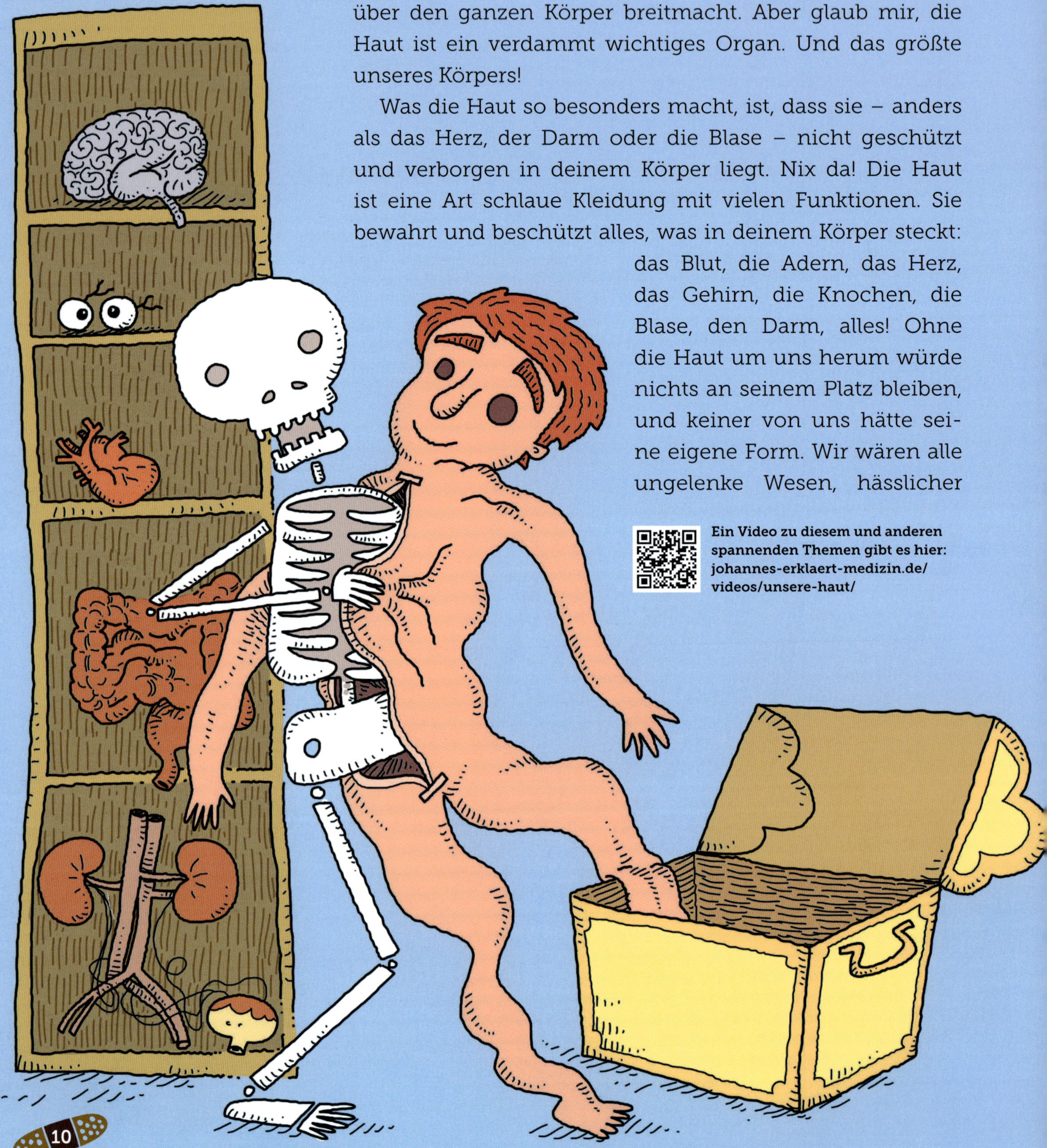

Ein Video zu diesem und anderen spannenden Themen gibt es hier: johannes-erklaert-medizin.de/videos/unsere-haut/

als der hässlichste aller Außerirdischen, die wir jemals in TV-Serien mit Raumschiffen gesehen haben!

Löcher stopfen

Was deiner Haut außer den nervigen Abschürfungen passieren kann, ist ein **Schnitt.** Das geschieht, wenn du dich mit einem spitzen oder scharfen Gegenstand verletzt. Der Schnitt kann klein und harmlos sein, sodass er noch nicht mal blutet. Aber er kann auch ernsthaft sein, groß, lang, tief und kompliziert.

Durch jeden Schnitt oder jede Schramme entsteht ein Schaden an unserer Haut – fast wie ein Loch in unserer Kleidung. Und da passiert etwas Unglaubliches: Wenn die Wunde nicht zu groß ist, aber groß genug, um zu bluten, dann wird dein Körper anfangen, den Schaden selbst zu reparieren. Er schickt sofort bestimmte Zellen los, die wir im Blut haben, um die Löcher zu stopfen. Diese Zellen heißen Blutplättchen, und die sind ganz schön schlau. Sie tun sich zusammen und versuchen, das entstandene Loch dicht zu machen.

Die schlauen Blutplättchen drängen sich fest aneinander, damit die Verletzung schnell verschlossen wird. Zusammen verwandeln sie sich in einen klebrigen Brei, der super funktioniert, um die Blutung zu stoppen. Sobald die Blutplättchen es geschafft haben, den Schnitt auf deiner Haut zu stopfen, rufen sie andere Zellen zur Hilfe. Die fangen sofort an,

die Haut direkt unter dieser „Baustelle" zu rekonstruieren. So entsteht der Schorf.

Nachdem sich der Schorf gebildet hat, werden immer mehr **Hautzellen** hergestellt und in die verletzte Stelle eingesetzt. Irgendwann entscheidet sich dein Körper, dass die Arbeit erledigt ist. Dann fällt die ausgetrocknete Kruste ab, und ein Stück nigelnagelneue Haut kommt zum Vorschein.

Manchmal sieht diese neue Haut anders aus als die alte – feiner, glatter, edler, picobello. Mit der Zeit verkleinert sich diese Stelle und kann am Ende ganz verschwinden. Aber in der Regel bleibt hier eine kleine Narbe für immer sichtbar. Eine Erinnerung an den lästigen Unfall.

Schorf = ein Haufen Zellen, genannt Blutplättchen, die sich in einer Wunde versammeln, um die Blutung zu stoppen

Vernarbung = Wiederherstellung der Haut unter dem Schorf

Verletzung → Schaden an der Haut → Blutung → Versammlung von Blutplättchen, um die Blutung zu stoppen → Bildung von Schorf → Bildung einer neuen Haut unter dem Schorf → Austrocknung und Abfallen der Kruste → Entstehung einer neuen Haut da, wo die Verletzung war.

Finger weg!

Nun weißt du schon, wie der Schorf sich bildet. Aber weißt du auch, warum er so wichtig ist? Er verhindert, dass gefährliche **Keime,** die miesen kleinen Bakterien, durch die Wunde in deinen Körper eindringen. Er ermöglicht auch, dass eine frische Haut an der Stelle entsteht. Wer an der Kruste rumfummelt, schadet sich nur selbst. Damit verzögert sich nur der Heilungsprozess. Also, lass deine Kruste in Ruhe, klar?

Löcher XXL

Wenn der Schnitt zu groß oder zu tief ist, kriegen es die Blutplättchen nicht allein hin. Es wird notwendig sein, zum Arzt zu gehen. Er wird deinem Körper helfen, das Loch an deiner Haut zu schließen. Der Arzt wird beide Seiten des Schnitts mit einer Naht wieder zusammennähen – so, wie wir es mit zerrissener Kleidung machen. Die Nähte halten die Wunden geschlossen, es wird einfacher für die Haut, mit der Heilung fertigzuwerden. Gleichzeitig haben die gemeinen Keime keine Chance, sich reinzuschleichen.

Im Krieg gegen die Keime

Egal ob sie klein, mittel oder groß ist, die größte Gefahr für jede Verwundung ist eine Infektion, also eine Entzündung mit kleinen **Bakterien, Viren und Co.** Die Welt ist voller Keime. Für diese winzigen Wesen ist unser Körper so was Ähnliches wie ein Kühlschrank voll bis oben hin mit Leckereien. Sie lauern nur auf die Chance, in unseren Körper einzudringen, um sich auszutoben.

Wenn die Keime in unseren Körper gelangen, werden wir in der Regel krank. Meistens ist die Krankheit ein Klacks, und wir sind ganz schnell wieder auf den Beinen. Manchmal ist sie aber sehr ernst. Das Geheimnis ist, den Keimen keine Chance zu geben. Wir müssen um jeden Preis verhindern, dass sie sich in unseren Körper hereinschmuggeln. Daher ist es sehr wichtig, jede noch so kleine Verletzung gründlich zu waschen und zu desinfizieren. Wenn die Verletzung sehr groß ist, wird der Arzt ein Medikament verschreiben, das den Keimen den Garaus macht.

Dringen Keime in eine Wunde ein, bildet sich ein gelbliches, dickflüssiges Sekret an der Stelle – das nennen wir Eiter. Rund um die Wunde entsteht eine Schwellung, die wehtut, warm wird und unangenehm ist. Wenn du nichts für die Heilung tust, kann alles noch schlimmer werden.

Das Beste ist, die Stelle zu säubern und brav die Medikamente aufzutragen, die der Arzt verschrieben hat. Je schneller die Heilung, umso besser.

Gib dem Tetanus keine Chance!

Der Tetanus ist eine sehr schwere Krankheit, verursacht durch die besonders üble Bakterie mit dem Namen *Clostridium tetani*. Dieser Erreger kann sich im tierischen oder menschlichen Kot verstecken, auch in der Erde, in Pflanzen und in vielen verschiedenen Dingen, überall. Wenn man sich mit einem Gegenstand wie einem verrosteten Nagel verletzt oder wenn die Wunde mit Erde verdreckt ist, kann es deswegen sein, dass der Arzt Medikamente gegen Tetanus verschreibt. Wenn die Bakterie durch eine offene Wunde in unseren Körper gelangt, produziert sie Toxin, ein gefährliches **Bakteriengift,** das unser Nervensystem angreift und unsere Muskeln verhärtet. Und wenn die Muskeln, die wir zum Atmen brauchen, lahmgelegt werden, kann die Erkrankung lebensbedrohlich werden.

Bunte Prellung

Vielleicht hast du Glück im Unglück und kriegst von deinem Unfall bloß einen blauen Fleck. Ärzte und Krankenschwestern nennen diese blauen Flecken Hämatome oder Blutergüsse.

Bei einem Aufprall platzen mehrere Äderchen, das sind die kleinen Gefäße, die dein Blut normalerweise an die verschiedenen Stellen deines Körpers transportieren. Wenn

Hämatom = blauer Fleck
oder Prellung

Immer wieder die Zellen

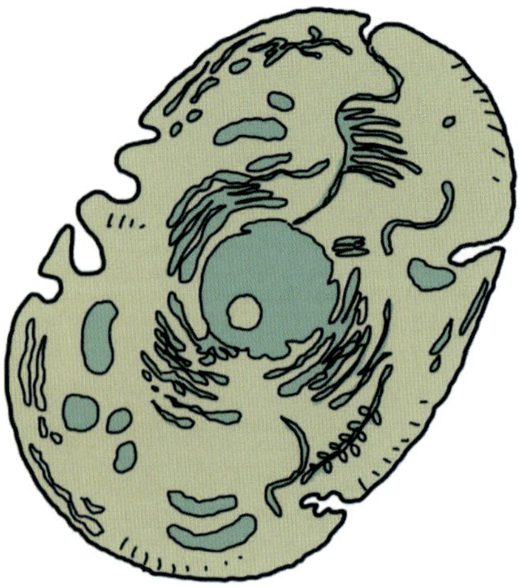

Stell dir ein riesiges Tier vor, komplett aus Legosteinen gebaut. Unser Körper ist nicht viel anders als das. Wir sind aus einer unzähligen Anzahl von „Steinchen" gebaut: den Zellen. Jedes Lebewesen besteht aus Millionen von Zellen. Du zum Beispiel hast ungefähr **50 Millionen Zellen,** also 50 Millionen kleine Legosteine in deinem Körper. Unterschiedliche Zellen bilden die Haut, die Knochen, das Blut und alle anderen Teile deines Körpers. In der Regel sind sie noch viel kleiner als das i-Tüpfelchen. Deswegen kann man sie nur durch ein Mikroskop sehen.

dabei die Haut nicht verletzt wird, kann das Blut nicht nach außen fließen und breitet sich unter der Haut aus. So entsteht eine **Prellung.** Das gestaute Blut gibt der gequetschten Stelle die bunte Färbung.

Mit der Zeit organisieren sich deine Zellen und reparieren die zerplatzten Blutgefäße. Das unter der Haut zerflossene Blut wird aufgesaugt und die Stelle damit gesäubert. Während der „Putzarbeit" verändert sich die Farbe des Hämatoms, es wird immer gelblicher und verschwindet, wenn die Arbeit komplett erledigt ist.

Aufprall ohne Löcher in der Haut → Äderchen platzen → Ein bisschen Blut breitet sich unter der Haut aus → Du bekommst einen blauen Fleck auf deiner Haut → Deine Zellen reparieren die Blutgefäße und befreien die Prellung vom zerflossenen Blut → Die Färbung verändert sich, bis sie komplett verschwindet

Eis drauf

Es gibt einen ganz einfachen Weg, die Schmerzen bei einem blauen Fleck zu lindern: mit Eis kühlen. Durch die Kälte ziehen sich die kaputten Äderchen zusammen, **die Schwellung bildet sich zurück,** der Druck wird geringer, die Schmerzen lassen nach. Aber das funktioniert nur, wenn das sofort passiert. Und noch eins: Das Eis muss in einen Beutel oder ein Handtuch eingehüllt werden! Legt man das Eis direkt auf die Haut, kann es eine Kälteverbrennung verursachen.

Die Beule

Wenn der Aufprall eine Stelle erwischt, die nur aus Haut und Knochen besteht, kriegst du keinen blauen Fleck, sondern eine schöne Beule!

Die Äderchen platzen, und das Blut findet keinen Platz, sich auszubreiten. Der Druck unter der Haut wächst, und sie dehnt sich, um den nötigen Platz für die entstandenen Flüssigkeiten frei zu machen. Auch diese Beule wird von den Ärzten Hämatom genannt.

Feueralarm!

Ein weiterer sehr unangenehmer Unfall ist die **Verbrennung.** Es gibt verschiedene Ursachen dafür. Die häufigsten sind das Verschütten von kochendem Wasser oder das Anfassen von heißen Öfen. Das Spielen mit Spiritus, Streichhölzern oder Feuerwerkskörpern kann auch schwere Unfälle verursachen. Mit einem Bügeleisen ist auch nicht zu spaßen. Sogar die Sonne kann dich und deine Haut gefährden.

Sich zu verbrennen, ist etwas Heftiges. Es tut weh, es brennt, es juckt und es kann schnell zu einer Infektion führen. Überlege es dir also zwei, drei, vier, fünf, sechs, sieben, acht Millionen Mal, bevor du in der Küche am Herd oder mit Feuer spielst. Die Konsequenzen sind traurig und schmerzhaft.

Die Schwere einer Brandverletzung hängt von ihrem Umfang ab. Die Ärzte haben sie in drei verschiedene Grade aufgeteilt, so eine Art Schulklassen, je nachdem wie intensiv der Schaden an deiner Haut ist.

Die **Verbrennung ersten Grades** geschieht, wenn nur die Oberhaut von der Hitze betroffen wird. Die Folgen sind Rötung, leichte Schwellungen und Schmerzen.

Bei der **Verbrennung zweiten Grades** werden sowohl die Oberhaut als auch die Lederhaut beschädigt. Rötung, Schwellungen, Blasenbildung und stärkere Schmerzen sind die Folgen.

Die **Verbrennung dritten Grades** ist sehr ernsthaft, weil alle Schichten der Haut erreicht werden. Es bilden sich helle und dunkle Blasen, aber eines hört sich verrückt an: Es entstehen nur geringe oder gar keine Schmerzen, da die Nervenenden auch zerstört werden.

Kleine Blase oder große Blasen

Zwei Dinge spielen eine wichtige Rolle bei der Beurteilung des Schweregrades einer Brandverletzung. Das eine ist das Ausmaß. Es ist ein Unterschied, ob man eine kleine Blase am Finger hat oder mehrere große über den ganzen Körper verteilt sind. Es kann auch passieren, dass alle drei Verbrennungsgrade gleichzeitig vorkommen – das ist sogar häufig der Fall.

Wahrheit oder Märchen?

WAHRHEIT

Wenn es dir passieren sollte, dass du dich verbrennst, halte die betroffene Stelle unter einen Wasserhahn mit kaltem Wasser. Je länger, desto besser. So verhinderst du, dass die Verbrennung zu anderen Hautschichten vordringt.

MÄRCHEN

Kaltes Wasser verstärkt die Bildung von Brandblasen – völlig daneben! Die Blasen entstehen, weil die Brandverletzung gravierend war, das kalte Wasser hat damit nichts zu tun.

WAHRHEIT

Auf keinen Fall die Blasen aufstechen. Die Versuchung ist groß, aber du kannst damit die Tür für eine ganze Armee von Keimen zu deinem Körper aufmachen. Nur der Arzt kann das ohne Risiko tun.

MÄRCHEN

Vergiss jegliche Zaubertricks, wie Butter, Kaffeepulver, Zahnpaste oder Haargel aufzutragen. Nachdem du richtig lange die verbrannte Stelle unter kaltes Wasser gehalten hast, ist es das Schlaueste, zum Arzt zu gehen. Alles andere kann die Verletzung in Kontakt mit gefährlichen Keimen bringen.

Mit Taxis hat das nichts zu tun

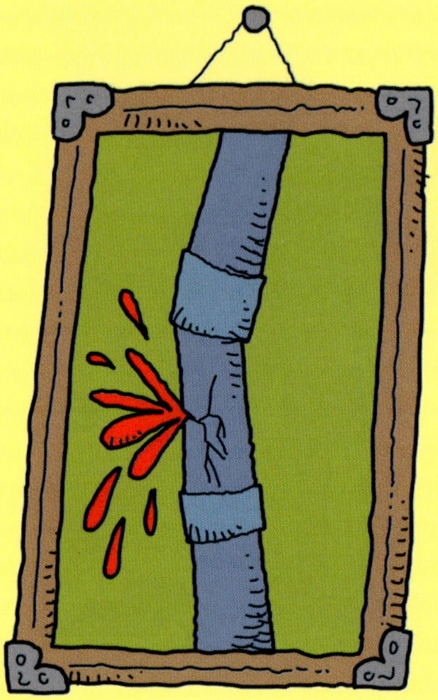

Ich liebe Wörter, die Ärzte erfinden. Sie sind zum Teil sehr kompliziert, aber einige klingen einfach wunderschön. Ein solch schönes Wort ist **Epistaxis.** So nennen die Ärzte die **Nasenblutung** – und das hat definitiv nichts mit einer Taxifahrt zu tun, auch wenn sich das so anhört.

Aber weißt du überhaupt, warum die Nase ab und zu mal einfach anfängt zu bluten? Das passiert, weil unsere Nase voller klitzekleiner Blutgefäße ist, die das Blut hin und her transportieren. Diese Adern sind so fein, dass sie sehr leicht platzen. Und wenn sie platzen, fließt das Blut aus der Nase.

Es gibt viele Gründe für diese Art von Blutung: Wenn die Luft zu trocken ist, werden die zarten Adern trocken und brüchig und platzen noch leichter. Oder wenn man mit dem Gesicht auf den Boden fällt oder von einem Ball

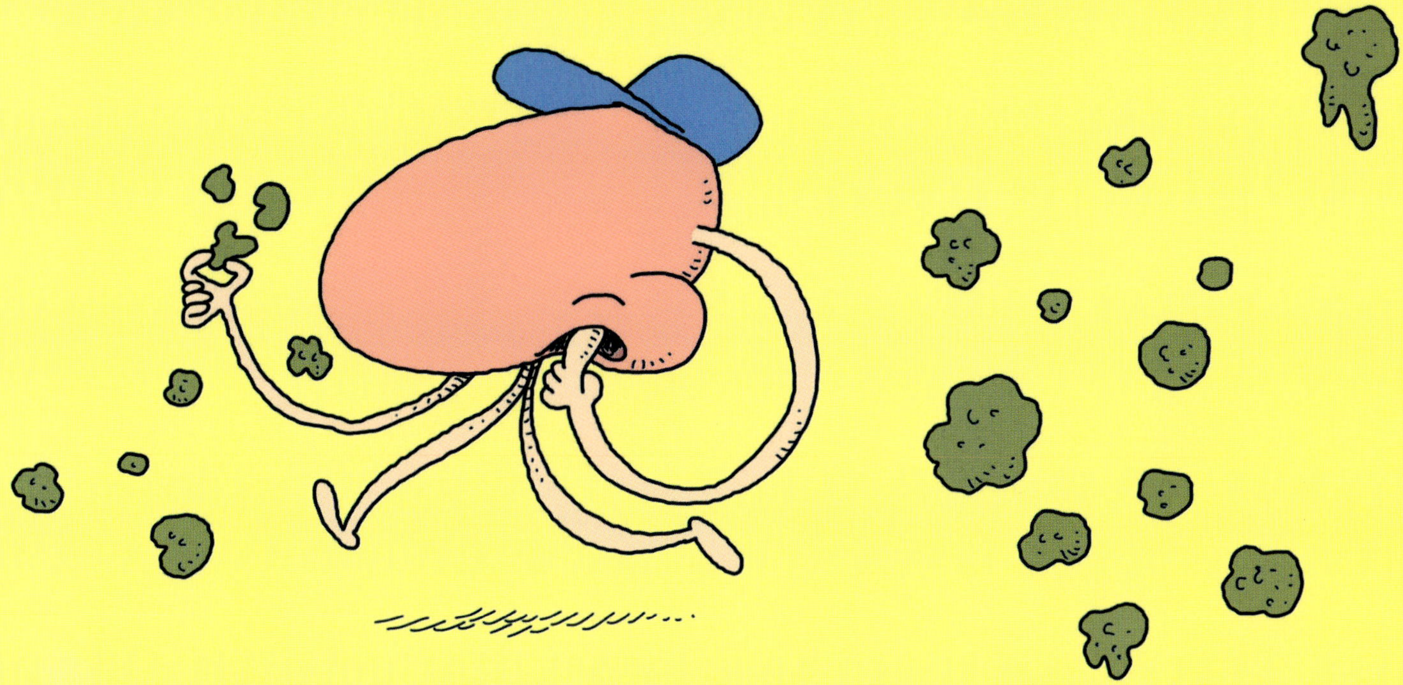

im Gesicht erwischt wird. Auch bestimmte Viren und Bakterien können Nasenblutung verursachen, genauso wie Allergieanfälle. In der Nase zu bohren, kann auch die Nasenhöhlen verletzen – lass deine Nase also in Ruhe! Die Ärzte nennen das Popeln **Rhinotillexomanie** – ist doch auch ein schönes Wort, oder?

Ein Video zu diesem und anderen spannenden Themen gibt es hier: johannes-erklaert-medizin.de/videos/nasenbluten/

Was tun, um die Blutung zu stoppen?

Wenn deine Nase blutet, bleib einfach ruhig, setz dich hin und beuge deinen Körper leicht nach vorne. Das ist wichtig, damit das Blut nicht in den Rachen gerät. Ein guter Tipp ist, die Stelle mit Eis zu kühlen (worauf du dabei achten musst, kannst du auf der **Seite 18** nachschauen, da haben wir schon darüber gesprochen).

Ein großes Missverständnis

Es gibt viele kleine Tiere, die beißen, stechen, uns das Leben zur Hölle machen können: Mücken, Bienen, Wespen, Spinnen und sogar Ameisen. Der Stich dieser Winzlinge tut weh, schwillt an, juckt und nervt. Bei jedem **Stich** übertragen die Insekten eine klitzekleine Portion Gift in unseren Körper – mach dir keine Sorgen, die Portionen sind wirklich winzig. Aber die Menschen reagieren sehr unterschiedlich, wenn sie gestochen werden.

Wie schlimm das alles ist, hängt unter anderem von der Menge der Stiche ab. Wenn wir von vielen Ameisen oder einem Bienenschwarm attackiert werden oder wenn viele Mücken uns die ganze Nacht stechen, ist das schon etwas komplizierter. Schließlich stört der Stich einer einzigen Ameise deutlich weniger als die von vierzig Ameisen.

Wenn du keine Allergie gegen das Gift hast, hast du Glück gehabt. Die Stelle wird zwar rot, heiß und schmerzhaft, du wirst vielleicht heulen und strampeln (bei mir war das eigentlich immer so!). Aber wenn du vernünftig bist und die Stelle mit Eis kühlst, wird ganz schnell alles wieder gut.

Schlimmer wird es, wenn beim Gestochenen eine **Allergie** vorhanden ist. In diesem Fall muss man ganz schnell ins Krankenhaus. Auch ein scheinbar harmloser Stich kann – oh je, oh je – sogar lebensgefährlich werden!

Eine Allergie ist im Grunde genommen ein großes Missverständnis. Der Körper hält etwas ganz Normales wie Obst, Essen, eine Pflanze oder eben das schwache Gift eines winzigen Insektes für einen übermächtigen Feind. Wenn jemand zum Beispiel allergisch gegen Krabben ist und trotzdem eine verspeist, reagiert sein Körper sehr heftig. Sein Schutzsystem erkennt die Krabbe nicht als ungefährlich und bekämpft sie mit übermäßiger Härte. Deswegen muss man eine Allergie sehr ernst nehmen.

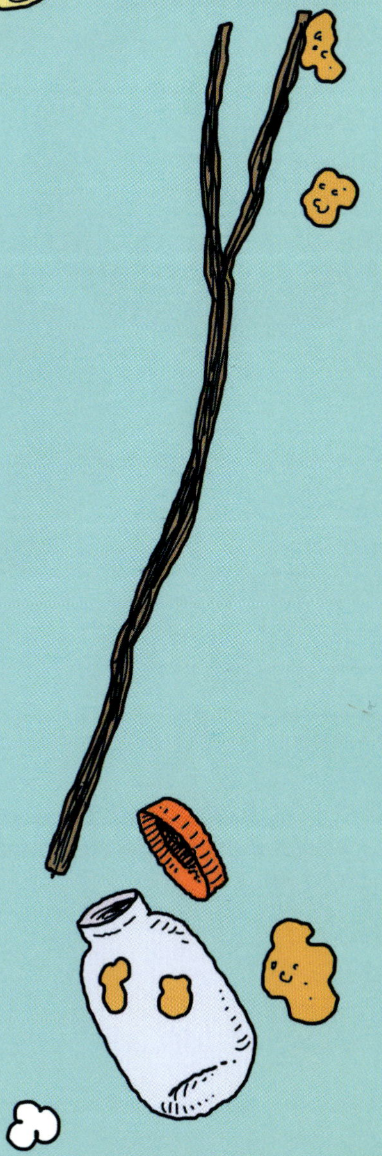

Ein Video zu diesem und anderen spannenden Themen gibt es hier: johannes-erklaert-medizin.de/ videos/insektenstiche/

Weg da!

Es gibt viele Menschen, die gar keine Allergien haben. Andere wiederum sind allergisch gegen viele Dinge: Staub, Erdbeeren, Milch, Erdnüsse und sogar Schokolade. Mein Schulfreund hat mal einen Baum angefasst, den wir nicht kannten. Wir wussten natürlich nicht, dass er allergisch dagegen war, und er ist krank geworden, mit Juckreiz und Bläschen am ganzen Körper. Mein Bruder räumt manchmal sein Regal auf – mit viel Staub auf den Büchern und den Spielsachen. Das macht er höchstens zehn Minuten, dann sind Nase und Augen geschwollen, und er muss ständig niesen. Eine Ärztin, mit der ich arbeite, hat eine **Schimmelallergie.** Wenn irgendwas in ihrer Nähe muffig ist, reagiert ihr Körper auch, als ob sie erkältet wäre. Dann läuft sie sofort weg von dem Schimmel und ist augenblicklich wieder gesund – wirklich wahr.

Aber nicht jede allergische Reaktion heilt so schnell. Wenn du zum Beispiel eine Erdnuss gegessen hast und dagegen allergisch bist, kannst du nicht einfach weglaufen. Schon gar nicht, wenn du nicht weißt, wogegen du allergisch bist. Wissenschaftler haben Medikamente entwickelt, die antiallergisch wirken. In der Regel funktionieren sie sehr gut. Manchmal sind sie flüssig zum Einnehmen oder werden als Tabletten verabreicht. Es gibt sie auch als Salbe oder Spray. Aber wenn der

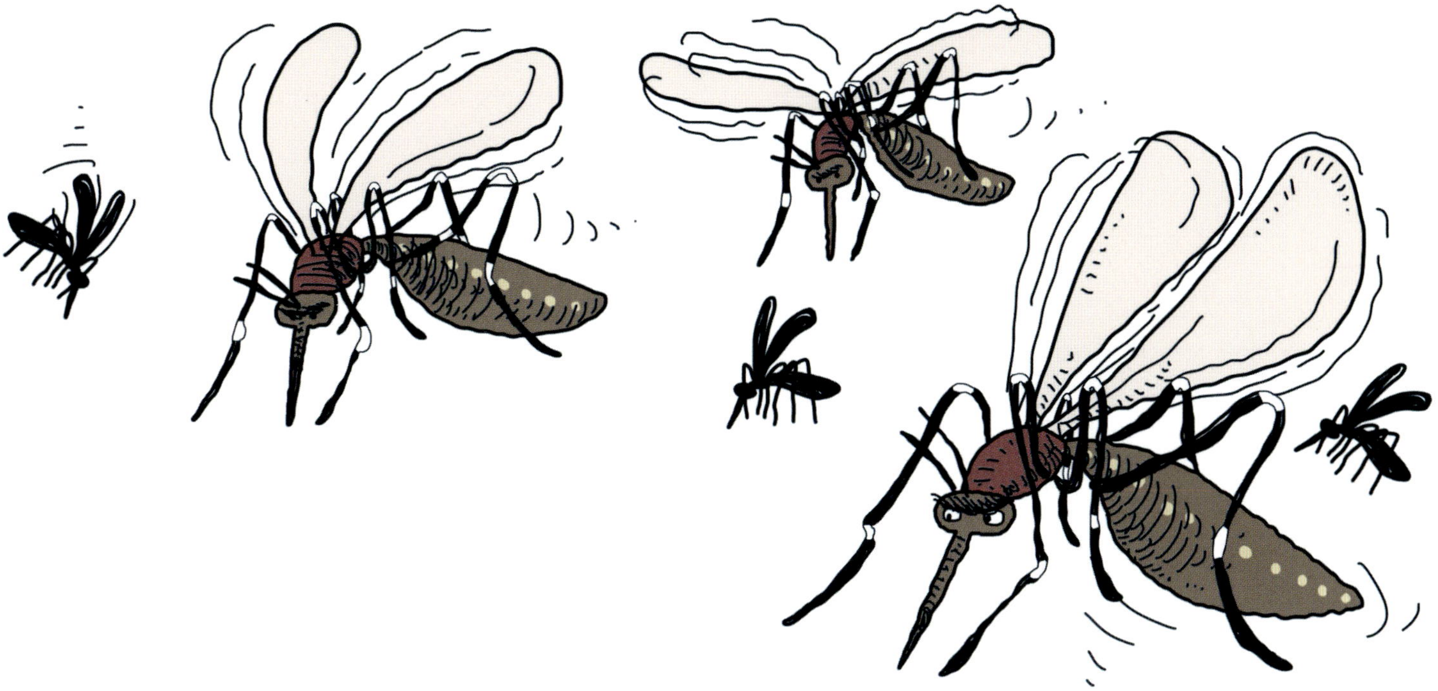

Fall sehr ernsthaft ist, hilft nur eine Spritze, weil das Medikament so direkt in den Blutkreislauf gelangt und sich sehr schnell im ganzen Körper ausbreitet.

Feinde mit Flügeln

Manche Mücken sind aber tatsächlich Schwerverbrecher. Manchmal sieht man sie sogar in der Zeitung und im Fernsehen, weil sie ernsthafte Krankheiten übertragen können. Diese kleinen Insekten funktionieren wie Postboten, nur dass die Botschaft klar und deutlich „Krankheit" heißt. Wenn sie sich auf deine Haut setzen, stechen sie dich. Sie saugen ein bisschen Blut von dir als Abendbrot ab und hinterlassen einen bösen „Brief" in deinem Kreislauf. Ganz schlimm ist es in tropischen Gebieten: **Moskitos** – wie die Mücken dort heißen – können auch schwere Krankheiten wie **Denguefieber, Gelbfieber oder Malaria** übertragen.

Diese drei Krankheiten sind wirklich sehr kompliziert und können sogar zum Tode führen. In tropischen Ländern muss man gestautes Wasser im Garten oder Hinterhof vermeiden. Alle Mückenarten lieben Wärme und Feuchtigkeit, hinterlassen ihre Eier in den Pfützen, die Eier teilen sich, die Moskitos vermehren sich, und die Krankheiten breiten sich immer weiter aus. In manchen Regionen ist das ein großes Problem. Man muss immer auf der Hut sein und den Insekten alle Möglichkeiten nehmen, ihr Unheil anzurichten.

Die Mücke trägt einen Virus, eine Bakterie oder einen Keim in sich → Die Mücke findet dein Blut ganz lecker und sticht dich, um satt zu werden → Beim Stechen überträgt sie den Keim in deinen Blutkreislauf → Der Keim kann ernsthafte Krankheiten verursachen!

Giftige Gäste

Manche Tiere produzieren besondere Substanzen, um sich zu schützen oder auch eine Beute anzulocken. Aber dieses **Schutzmittel** kann bei Menschen wie Gift wirken. Deswegen ist mit einigen Spinnen- und Schlangenarten nicht zu spaßen. Sie verstecken sich gern unter Schutt, Baumaterialien, Steinen oder faulen Baumstämmen – aber auch unter üppigen grünen Pflanzen.

Wenn du trotz aller Vorsicht von so einem giftigen Tier gestochen oder gebissen wurdest, such so schnell wie möglich Hilfe in einem Krankenhaus oder in einer Notfallpraxis. Umweltschützer halten es für verkehrt, das Tier zu töten, das dich gebissen hat: Es hatte nur Angst vor dir, weil du so viel größer bist, und hat nur versucht, sich zu verteidigen.

Auch Bienen, Wespen und sogar Ameisen können stechen und schmerzhafte Erinnerungen hinterlassen.

Das Beste ist sowieso, einen großen Bogen um die Gefahren herum zu machen. Hast du ein Wespen- oder Bienennest gesehen, geh woanders hin zum Spielen – ganz weit weg. Wenn eine Biene dich auf der Terrasse verfolgt, geh einfach ins Haus, bis sie etwas Interessanteres gefunden hat.

Wenn sie dich trotzdem erwischt, ruf einen Erwachsenen und lass dir den Stachel entfernen, den sie in deiner Haut hinterlassen hat. Hinterher mit ganz viel Wasser und Seife waschen und mit Eiswürfeln – eingewickelt in einem Küchentuch – die Stelle kühlen. Wenn du Allergiker bist, solltest du unbedingt zum Arzt gehen.

Andere Giftsorten

Im Haushalt gibt es viele Sachen, die mit Vorsicht zu genießen sind. Spülmittel zum Beispiel darf nicht getrunken werden. Wenn du es aus Versehen trinkst, wird das wie ein Gift in deinem Körper funktionieren. Genauso wie Medikamente: Wenn sie in der richtigen Dosierung zum richtigen Zeitpunkt eingenommen werden, sind sie Gold wert. Wenn sie aber falsch oder in der falschen Dosierung eingesetzt werden, sind sie schädlich. Sehr sogar! Also, sei vernünftig und spiele nicht mit Parfüms, Deos, Medikamenten, Putzmitteln oder alkoholischen Getränken. Mit **Pestiziden** (so nennt man Pflanzenschutzmittel) sowieso nicht. Auch wenn die Verpackung schön und bunt ist – Finger weg! Wenn es aber zu einem Unfall kommt, sag sofort einem Erwachsenen Bescheid. Zeige dem, was du angefasst oder getrunken hast, und geht zum Arzt. Er kann am besten die Schwere des Schadens beurteilen.

Lausige Läuse

Die Laus ist ein Insekt, das Blut liebt und sich unter unseren Haaren ganz wohlfühlt. Sie kuschelt sich an unsere Haarwurzeln an und legt da ganz schnell viele Eier, die **Nissen** genannt werden. Aus jeder Nisse schlüpft eine ziemlich hungrige Laus.

Das Ergebnis ist, dass der Kopf in kürzester Zeit voller Läuse ist. Es juckt so doll, dass man manchmal kaum schlafen kann! Das ständige Kratzen verletzt die Haut und öffnet die Tür für Wunden und Infektionen. Also: Läuse zu haben, ist nicht nur nervig!

Um die lästigen Tierchen wieder loszuwerden, muss man ein Medikament auf den Kopf auftragen. Nicht nur der Betroffene, sondern **die ganze Familie** wird mit diesem Medikament vorsichtshalber behandelt. Und das muss man auch in der Schule melden, weil die Läuse sich sehr schnell verbreiten. Es bringt nichts, wenn nur du deinen Kopf behandelst, die Läuse bei deinem Bruder oder Schul-

kameraden aber ungeschoren davonkommen. Sie werden garantiert zu dir zurückkehren.

Super, die Behandlung hat geklappt, und die kleinen Banditen wurden vernichtet. Nun, damit dein Kopf wieder richtig sauber ist, musst du mit einem **feinen Kamm** deine Haare gründlich kämmen. Auch wenn alle Nissen tot sind, haften sie fest an deinen Haaren und müssen auf diese Art entfernt werden.

Bei mir nicht!

Achte darauf, dass keiner mit der Idee kommt, deine Läuse mit Pestiziden oder anderen giftigen Produkten zu bekämpfen. Das kann mehr schaden als helfen. Läuse sind Lebewesen, sie gehen gern spazieren. So wandern sie vom Kopf eines Nachbarn, Verwandten, Freundes oder Schulkameraden auf unseren Kopf – **ohne dass wir das merken.** Wenn jemand Läuse hat und wir auf seinem Bett schlafen, seine Mütze tragen oder seine Haarbürste benutzen, kriegen wir auch Läuse. Also: Schön aufpassen!

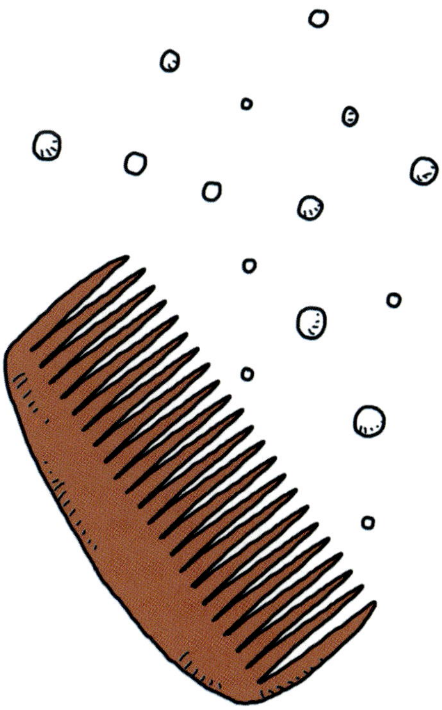

Gar nicht toll: Tollwut

Die Wut, von der hier die Rede ist, ist nicht die, die hochkommt, wenn jemand unsere Sachen nimmt, ohne uns zu fragen. Und toll ist sie auch nicht: Tollwut ist eine schlimme Krankheit, die Tiere wie Hunde, Katzen, Füchse oder Fledermäuse anstecken kann. Und wenn ein angestecktes Tier jemanden beißt, kratzt oder leckt, kann diese Person auch angesteckt werden.

Das läuft so: Das infizierte Tier greift jemanden an und beißt ihn. Die Person merkt erst Wochen oder sogar Jahre später, dass sie angesteckt wurde. Sie wird sehr aggressiv, Wutanfälle sind ein häufiges Symptom – daher der Begriff. Diese Krankheit ist unheilbar. Da hilft nur eins: **Vorbeugen.** Alle Tiere in deiner Umgebung – bei deinen Freunden, Nachbarn, Bekannten und Verwandten – müssen geimpft werden! In aller Regel werden Haustiere bei uns schon als Babys geimpft, keine Panik! Aber wenn du nicht sicher bist, ob das Tier vor dir jemals geimpft wurde, und es benimmt sich „unnormal", mach die Biege, fass es nicht an. Lieber nichts riskieren – mit der eigenen Gesundheit spielt man nicht.

Also, wenn du oder einer deiner Freunde gebissen wird, gibt es nur eins: zum Arzt gehen – egal wie winzig die Wunde ist. Es gibt **Impfungen** und andere Maßnahmen, eine drohende Tollwuterkrankung zu bekämpfen, bevor sie tatsächlich ausbricht. Das gilt übrigens auch, wenn du von einem Menschen gebissen wirst ...

Herrenlos

Wenn du von einem streunenden Tier gebissen wurdest, ruf lieber die **Polizei** an. Dort kann man dann entscheiden, was zu tun ist, damit das Tier keine weiteren Menschen gefährden kann.

Wauwau mit Tollwut

Wenn der Hund an Tollwut leidet, wird er sehr bissig und unberechenbar. Aber meistens ist der Hund gar nicht krank, sondern fühlt sich nur bedroht und reagiert deshalb aggressiv. Darum ist es ganz gut zu wissen, was du tun solltest, um die Hunde nicht zu ärgern:

- Halte dein Gesicht fern von seinem Maul.
- Lass deinen Hund nicht frei zwischen fremden Menschen herumlaufen.
- Komm Hunden, die du nicht kennst, nicht zu nahe.

- Halte deinen Hund beim Spazierengehen an der Leine.
- Provoziere niemals einen Hund, auch wenn er zahm und harmlos wirkt. An seinem Schwanz ziehen zum Beispiel – das ist nicht nur gemein, das ist auch gefährlich!
- Fass keinen Hund an, der gerade schläft, frisst oder mit seinem Spielzeug spielt.
- Wenn du einen Hund oder eine Katze zu Hause hast, vergiss nie, sie gegen Tollwut impfen zu lassen. Jedes Jahr. Unbedingt!
- Überlass deinen Hund nie fremden Menschen.
- Nimm die Signale ernst, die der Hund von sich gibt. Wenn er die Zähne fletscht, geh lieber weg.

Und wenn er dich angegriffen hat?

Besser, als wegzulaufen, ist es, sich wie ein Igel auf dem Boden zusammenzurollen und auf Hilfe zu warten. Auch wenn der Biss klitzeklein ist und die Stelle noch nicht mal blutet, ist es richtig, ins Krankenhaus oder in eine Notfallpraxis zu gehen, um eine Infektion zu vermeiden.

Krick, krack ... kaputt!

Deine Knochen sind unheimlich stark, können aber trotzdem kaputtgehen – man nennt das eine **Fraktur.** Das funktioniert wie mit einem Bleistift: Wenn du versuchst, ihn mit Kraft zu biegen, bricht er.

Die schlechte Nachricht ist: Eine Fraktur tut weh, obwohl sie manchmal so minimal ist, dass wir noch nicht mal merken, dass irgendwas gebrochen ist. Wenn wir uns aber einen Knochen brechen, ist das ein großer Schock für unseren Körper. Er sendet viele Signale, die auf den Bruch hinweisen: Es kann sein, dass du dich schwach fühlst oder schwindelig. Vielleicht frierst du, oder du musst weinen.

Ruhe bewahren!

Das Wichtigste ist jetzt, einem Erwachsenen Bescheid zu sagen. Du musst versuchen, den gebrochenen Knochen nicht zu bewegen. Jede Bewegung kann die Fraktur verschlimmern und Schmerzen verursachen.

Ungeheuer wichtig ist: **AUF KEINEN FALL** bewegen, wenn die Gefahr besteht, dass die Fraktur am Hals oder an der Wirbelsäule passiert ist. In diesem Fall muss man gleich einen Rettungswagen rufen. Jeder Versuch zu helfen, kann die Situation schlimmer machen, als sie eh schon ist.

Im Krankenhaus wird der Arzt die Stelle fotografieren, von der er glaubt, dass es dort einen gebrochenen Knochen gibt. Diese besondere Art der Fotografie heißt **Röntgen.** Wenn es sich um einen einfachen Bruch handelt, wird die Stelle mit Gips oder mit einer Schiene fixiert, damit der Knochen da bleibt, wo er hingehört.

Der Knochen selbst heilt die Fraktur. Der Arzt und der Gips sorgen nur dafür, dass der Knochen nicht schief oder in einer falschen Position wieder zusammenwächst.

Wenn man ein Skelett in der Schule oder im Museum sieht, könnte man denken, dass **Knochen** leblose Dinge sind – wie Steine. Das ist aber definitiv falsch. Unsere Knochen sind sehr lebendig, wachsen und verändern sich ständig, wie alle anderen Teile unseres Körpers.

Deswegen ist es bei einem Knochenbruch so wie bei einem Schnitt in der Haut (wenn die Zellen sich zusammentun, um das Loch zu stopfen). Der gebrochene Knochen produziert auch Unmengen von neuen Zellen, um den Schaden zu reparieren und den kräftigen Knochen wiederherzustellen.

Nicht vergessen: Stillhalten, solange die Maschine am Arbeiten ist, sonst wird das Bild unscharf, und der Arzt kann nichts Vernünftiges feststellen. Dann wird er ein neues Foto machen müssen.

Was ist eigentlich ein Röntgenbild?

Du kennst bestimmt „Superman" und seine besondere Fähigkeit, durch Dinge hindurchzusehen, oder? So ähnlich funktioniert ein Röntgengerät. Das kann alle Knochen unseres Körpers fotografieren. Je nachdem welchen Teil des Körpers der Arzt auf dem Bild sehen will, müssen wir uns, um ein Röntgenbild zu machen, auf den Bauch oder den Rücken legen, uns seitlich oder frontal vor die Kamera stellen. Eine solche Aufnahme tut überhaupt nicht weh. Da aber zu viele von diesen Bildern schlecht für unseren Körper sind, sollte man nur **so wenig Fotos wie möglich** machen.

Manche Leute erschrecken sich beim Gipsentfernen, weil der Gips aufgeschnitten werden muss und das Gerät komische Geräusche macht. Das Gute ist, es tut nicht weh. Es kitzelt nur leicht, weil das Gerät zittert, und es kann sein, dass das Geräusch nervt. Aber es geht ganz schnell.

Merkwürdig ist nur, dass, wenn der **Gips** weg ist, die Haut darunter schrecklich trocken aussieht. Es scheint so, als ob du nur an dieser Stelle abgenommen hättest. Es sind aber nur deine Muskeln, die nicht gebraucht wurden und dadurch geschrumpft sind. Du wirst diese Teile deines Körpers wieder ganz normal bewegen können, und die Muskeln werden wieder so prachtvoll wie vorher. Genauso wird die Haut, die so lange versteckt war, Luft und Sonne bekommen und in kürzester Zeit so aussehen wie vorher. Ehrlich!

Es kann sein, dass der Arzt dir vorschlägt, ein paar Übungen zu machen, damit du schneller kräftig und wendig wirst, wie vor dem Unfall. Diese Übungen kannst du allein machen oder mit der Hilfe eines Physiotherapeuten.

Ein Video zu diesem und anderen spannenden Themen gibt es hier: johannes-erklaert-medizin.de/videos/knochenbrüche/

So hältst du deine Knochen bruchfrei

Denk immer daran, einen Helm, Knie- und Ellbogenschutz zu tragen, wenn du Fahrrad, Schlittschuh, Rollschuh, Inlineskates fährst. Jede Sportart hat typische **Schutzgeräte,** wie zum Beispiel Schienbeinschützer beim Fußball – benutze sie einfach! Im Auto gilt: Schnall dich immer an. Und wann immer du Zeit hast, beweg dich! **Sportliche Übungen** stärken die Knochen ungemein. Geh raus in die Sonne, im Sommer am besten frühmorgens oder spätnachmittags. Und trink und iss alles, was Kalzium hat – zum Beispiel Milch. Kalzium macht dein Skelett knochenhart.

Hoch und runter

Das Zentrum deines (und auch meines) Gehirns heißt Hypothalamus und steuert die **Temperatur** deines Körpers. Fast jeder von uns hat eine Temperatur von 37 °C, bei einigen ist sie einen Tick niedriger, bei anderen einen Tick höher.

Es kann auch passieren, dass die eigene Temperatur im Lauf eines Tages ein bisschen schwankt, morgens ist sie höher, nachmittags und abends wird sie niedriger. Aber das alles verändert sich radikal, wenn Keime in deinen Körper eindringen und eine Entzündung verursachen. Wir Ärzte nennen das eine Infektion.

Wenn dein Hypothalamus merkt, dass die Keime sich breitgemacht haben und eine Infektion vorhanden ist, erhöht er automatisch die Temperatur deines Körpers. Die Wissenschaftler verstehen diese Reaktion als einen Versuch, den Körper weniger angenehm für die Keime zu machen. Dann bekommen wir Fieber, und das ist ein Zeichen dafür, dass irgendetwas bei uns nicht in Ordnung ist.

Wenn es das Fieber nicht geben würde, wäre es viel schwieriger festzustellen, ob wir eine Entzündung in unserem Körper haben und ob es etwas Ernstes oder etwas Harmloses ist. Deswegen checken Erwachsene ständig die

Fieber ist keine Krankheit, sondern ein Symptom.

Temperatur bei Kindern, wenn sie das Gefühl haben, dass irgendetwas nicht stimmt.

Aber das Fieber ist nicht die Krankheit. Denn viele Krankheiten wie eine Entzündung oder auch wenn man ein Medikament nicht verträgt, können Fieber verursachen. Es ist also nur ein Zeichen deines Körpers, dass etwas nicht stimmt.

Dann entscheidet der Hypothalamus, dass die Körpertemperatur auf 39 °C erhöht werden muss. Dein ganzer Körper versucht, dieses Ziel zu erreichen. Deswegen frierst du sogar unter der Decke – selbst an heißen Tagen. Sobald dein Körper die Temperatur erreicht hat, die der Hypothalamus bestimmt hat, hörst du auf zu frieren.

Und wenn deine Temperatur wieder normal ist – entweder weil die Infektion kontrolliert wurde oder weil du Medikamente gegen das Fieber eingenommen hast –, wird dir wieder warm sein, und du fängst an zu schwitzen, um die überflüssige Hitze wieder loszuwerden.

Normalerweise ist das Fieber kein großes Problem. Wenn man die Ursache bekämpft, verschwindet es. Manchmal muss man Medikamente einnehmen, damit das Fieber sinkt. Aber mit oder ohne Medikamente gilt eins: Du musst viel Flüssigkeit trinken, egal wie hoch das Fieber ist. Das ist sehr wichtig, um das nächste Problem zu vermeiden: die Dehydration – die Austrocknung.

Eine Wüste in uns

Unser Körper braucht **viel Wasser,** weil das die Basis ist für unser Blut, für die Magensäure, die uns beim Verdauen hilft, sowie für unzählige andere Dinge, die dauernd in unserem Körper geschehen. Unser Körper ist so was von schlau: Wenn er merkt, dass unser Wasserstand zu gering ist, macht er uns durstig, um unseren Wasserpegel wieder ins Lot zu bringen.

Bei Kindern bestehen 75 Prozent des Körpers aus Wasser. Das heißt, wenn ein Mädchen oder ein Junge 40 Kilo wiegt, trägt er mehr oder weniger 30 Liter Wasser mit sich rum! Diese Menge an Wasser muss immer vorhanden sein, sonst funktionieren die Organe nicht so, wie sie sollten. Wenn die Wassermenge in unserem Körper zu gering ist, sagen die Ärzte, dass wir dehydriert sind. Dann muss man unbedingt den Körper hydrieren – also das fehlende Wasser wieder auffüllen.

Schau mal, wo dieses ganze Wasser in dir steckt:

Zwischen 22 und 26 Liter → innerhalb der Zellen
7,5 Liter → in den Räumen zwischen den Zellen
Fast 4 Liter → im Blut

Die Räume innerhalb und zwischen den Zellen funktionieren wie ein Schwamm, immer bereit, Wasser abzugeben oder überflüssiges Wasser aufzunehmen.

Ein- und Ausgänge

→

Das Wasser kommt durch den Mund in unseren Körper hinein mit allem, was wir essen und trinken. Wenn du Obst oder eine Suppe isst, nimmst du automatisch Wasser zu dir.

←

Das Wasser verlässt unseren Körper durch unseren Urin und Schweiß. Besonders schnell verlieren wir Wasser, wenn wir uns übergeben oder Durchfall haben – für Durchfall haben die Ärzte das schöne Wort „Diarrhö".

Wasserentzug oder Dehydration =
entweder trinkst du nicht genug oder du verlierst zu viel Wasser

Wenn wir dehydriert sind, bekommen wir einen trockenen Mund, eine trockene Zunge und rissige Lippen. Wir fühlen uns komplett schlapp, und aus unserer Blase kommt nur sehr wenig Urin raus. Er ist dunkelgelb und ziemlich stinkig. In ernsthaften Fällen wird man sogar etwas tüddelig im Kopf. Übrigens, dann entsteht das tränenlose Weinen. Wirklich wahr: Der Körper ist dermaßen ausgetrocknet, dass er nicht mal genug Wasser für ein anständiges Geheul hat. Kannst du dir das vorstellen?

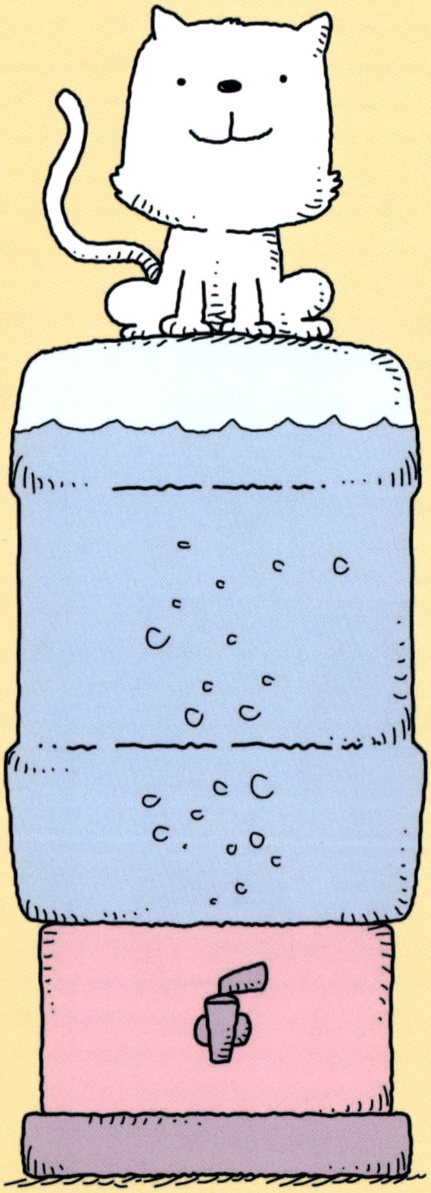

Normalerweise kann man die Dehydration mit viel Flüssigkeit und noch mehr Flüssigkeit bekämpfen. Wasser, Saft, Brühe, Eis, Suppe – alles zählt, um deinen Wasservorrat wiederherzustellen. Aber im ernsten Fall – bei starkem Durchfall oder Erbrechen – muss man zu besonderen Maßnahmen greifen. Der Arzt wird sagen, ob eine Kochsalzlösung direkt in die Adern gegeben werden muss. Diese Lösung ist eine Mischung aus Wasser und Mineralstoffen, die nicht durch den Mund, sondern direkt in den Blutkreislauf verabreicht wird.

An einem normalen Tag muss der Mensch ungefähr **zwei Liter Wasser** zu sich nehmen, umgerechnet acht Gläser Wasser. Wenn der Tag besonders heiß ist oder du aufgedreht durch die Gegend läufst und hüpfst, brauchst du sehr viel mehr Wasser. Ohne dass du es merkst, verliert dein Körper durchs Schwitzen sehr viel Flüssigkeit. Deswegen ist es super, wenn du daran denkst, mindestens ein Glas Wasser pro Stunde zu trinken. Und wenn es besonders heiß ist oder du extrem aufgedreht bist, erhöhe einfach die Menge.

Ärzte, Praxen und supercoole Geräte

Jeden Tag, jede Stunde tust du viele Dinge, die dir helfen, glücklich und gesund zu bleiben, ohne dass du es merkst. Du isst, trinkst, läufst, spielst Fußball, schläfst, duschst, putzt die Zähne, schnallst dich im Auto an ... Und trotzdem haben wir hin und wieder Wehwehchen und Verletzungen. Dann klopfen wir beim Arzt an.

Klopf, klopf!

Es gibt Menschen, die allein bei dem Gedanken, eine Arztpraxis oder ein Krankenhaus zu besuchen, zu zittern anfangen. Aber in aller Regel ist es so, dass wir in einer Arztpraxis das finden, was wir dort suchen: **Erleichterung und Heilung.** Klar kann man verstehen, dass diese Orte manche Menschen nervös machen. Hier riecht es eigenartig, und die Ärzte und Krankenschwestern benutzen Sachen, die einem Angst machen können – wenn man nicht weiß, was das ist.

Bei mir zu Hause gibt es immer tolle medizinische Geräte wie Stethoskope oder diese Geräte, die Ärzte benutzen, um ins Ohr zu schauen. Mit denen dürfen meine Kinder und ihre Freunde spielen. Sie können Krankenhaus spielen, und jeder darf einmal Arzt, Krankenschwester, Pfleger oder Patient sein. Es ist absolut sensationell!

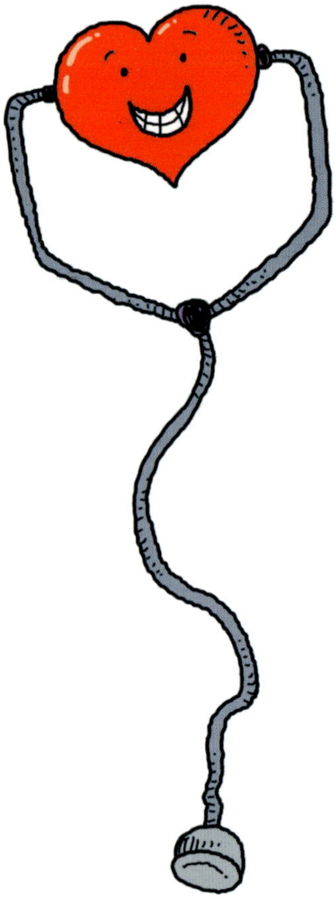

Maße und Gewichte

Ärzte wollen immer als Erstes wissen, wie schwer und wie groß wir sind. Zu Hause und in den Apotheken sind die Waagen klein und modern, in den Praxen und Krankenhäuser sind sie häufig groß. Wichtig ist es zu wissen, dass Wiegen und Messen überhaupt nicht wehtun.

Du ziehst die Schuhe aus, steigst auf die Waage und bleibst ganz still, weil jede kleine Bewegung das Ablesen der Werte stören kann. Dann musst du dich an ein Lineal

an der Wand stellen – fertig! Du kannst wieder die Schuhe anziehen, während die Helfer deine Daten aufschreiben: deinen Namen, dein Alter, dein Gewicht und deine Größe.

Sag „Aaaaahhhh"

In einer Arztpraxis ist es auch ganz normal, dass sie tief in deine Kehle schauen wollen. Doch da stehen zwei Dinge im Wege: deine Zunge und die Dunkelheit.

Um diese Hindernisse aus dem Weg zu schaffen, benutzt der Arzt einen **Spatel,** der aussieht wie ein Eisstiel, nur größer. Den Spatel braucht er, um deine Zunge ruhig zu halten. Mit der anderen Hand nimmt er eine kleine Lampe, um deinen Rachen, der wie ein dunkler Tunnel aussieht, auszuleuchten.

Tut das weh? Nein, überhaupt nicht. Nur durch den Spatel haben wir manchmal ein komisches Gefühl, als ob wir uns übergeben müssten. Das ist aber eine normale Reaktion unseres Rachens. Bei der Annäherung eines Fremdkörpers bereitet er sich zum Erbrechen vor, was dann aber gar nicht passiert. Der Arzt muss nur den Spatel wieder rausholen, und das merkwürdige Gefühl ist wieder weg.

Trick gegen Erbrechen

Es gibt einen guten Trick, um das Würgegefühl zu umgehen: In dem Moment, in dem du die Zunge ausstreckst, sagst du ein ganz langes „Aaaaaaaaahhhhhhh". Das kannst du ruhig machen, das wird dem Arzt gefallen!

Das Thermometer

Ein wichtiges Gerät, das man unbedingt zu Hause haben sollte und das die Ärzte sehr gern benutzen, ist das Thermometer. Als ich so klein war wie du, gab es nur ein Modell. Heutzutage gibt es alle möglichen Varianten, so wie ein kleines Gerät, das kurz ins Ohr gehalten wird. Dann piept es kurz – und fertig: **Es zeigt deine Temperatur** und ob du Fieber hast oder nicht.

Eine andere Möglichkeit ist ein Gerät, das wie ein Kugelschreiber aussieht. Das wird vom Arzt in deine Achselhöhle gesteckt. In dem Moment fühlt sich das kalt an, aber es wärmt sich ganz schnell, und du merkst nichts mehr. Sonst läuft das genauso wie beim anderen Gerät: Der Arzt wartet einen Augenblick, holt es wieder raus, schaut es sich an und liest die Temperatur vom Display ab. Es ist schön zu wissen, dass kein Thermometer wehtut.

Der König der Lupe

Ärzte lieben es, alles unter die Lupe zu nehmen. Das ist auch verständlich, denn eine Lupe vergrößert die Dinge. Und das, was man sieht, ist total spannend. Wenn du noch nie mit einer Lupe gespielt hast, fang sofort an, deinen Vater, Onkel, Opa oder deine Mutter, Tante, Oma zu nerven, bis einer dir eine Lupe besorgt hat. Es ist wirklich lustig.

Es gibt viele kleine Ecken an deinem Körper, die der Arzt untersuchen möchte, die aber sehr versteckt liegen. Da kommt er mit einer gewöhnlichen Lupe nicht aus.

Deshalb wurden Geräte mit eingebauten Leuchten und Vergrößerungslinsen in verschiedenen Formaten erfunden. Sie passen genau mit der Stelle zusammen, die der Arzt untersuchen will. So wie das Gerät, mit dem der Arzt dein Ohr untersucht – das passt genau dahin. Er guckt sich das Ohr durchs Gerät an und kann sagen, ob es dort ein Problem gibt.

Auch dieses Instrument tut nicht weh. Wenn überhaupt, merken wir es nur, wenn das kühle Metall unser warmes

Ohr berührt, mehr nicht. Aber natürlich wird, wenn du zum Arzt gehst, weil du Ohrenschmerzen hast, jede Berührung unangenehm sein, sogar von deiner eigenen Hand. Aber sei tapfer, die Untersuchung dauert nicht lange, und hinterher weiß der Arzt, was er tun muss, damit du keine lästigen Schmerzen mehr hast.

Hör mal dieses Getrommel

Deins, meins, jedes Herz schlägt ununterbrochen. Und jeder Arzt liebt es, dieses Getrommel zu hören! Nun wollen sie das aber sehr laut hören, deswegen benutzen sie ein **Stethoskop.** Der Name klingt kompliziert, aber das Gerät ist recht simpel. Es besteht aus zwei Teilen: An einem Ende sieht es aus wie ein Kopfhörer, den der Arzt in seine Ohren steckt. Am anderen Ende sieht es aus wie ein plattes Mikrofon, das an deinen Rücken und an deine Brust gehalten wird – keine Panik, es tut nicht weh. Das Einzige, was man dabei spürt, ist wieder das kühle Metall beim Kontakt mit der Haut, sonst nichts.

Manchmal will der Arzt mehr hören als nur deinen Herzschlag – dein Blut beim Hin-und-her-Fließen, deine Lunge oder das Blubbern in deinem Bauch. Dann bittet er dich darum, langsamer zu atmen oder schneller oder gaaaanz tief. In jedem Fall solltest du eins **NICHT** tun: sprechen, während der Arzt dein Herz abhorcht. Das Mikrofon wird deine Stimme direkt in sein Ohr bringen – und ziemlich laut. Armer Doktor!

Blutdruck auf Pumpe

Noch eine Sache checken die Ärzte unheimlich gern: ob dein Herz seinen Job richtig macht und das Blut fleißig hin und her pumpt. Dazu braucht er ein Gerät, das deinen Blutdruck misst. Wenn also jemand zu dir sagt: „Lass uns den Blutdruck messen“, dann will er prüfen, wie dein Herz das Blut in den Kreislauf pumpt und ob der Druck in deinen Gefäßen zu hoch, zu niedrig oder genau richtig ist. Bei Kindern ist er meistens genau richtig.

Wo ist mein Blutdruck geblieben?

Einige Menschen sagen „den Blutdruck nehmen“ statt „den Blutdruck messen“. Sie meinen dasselbe, aber hier wird nichts weggenommen, es wird tatsächlich nur gemessen.

Heutzutage gibt es ultramoderne automatische Geräte. Die Ärzte müssen kaum was tun. Die kleine Maschine übernimmt den Job, füllt und entleert den schlauchartigen Stoff und zeigt die gemessenen Werte auf dem Display. Dieser Stoff drückt deinen Arm leicht. Vielleicht ist das ein bisschen unangenehm, aber es tut nicht weh und ist sehr schnell vorbei.

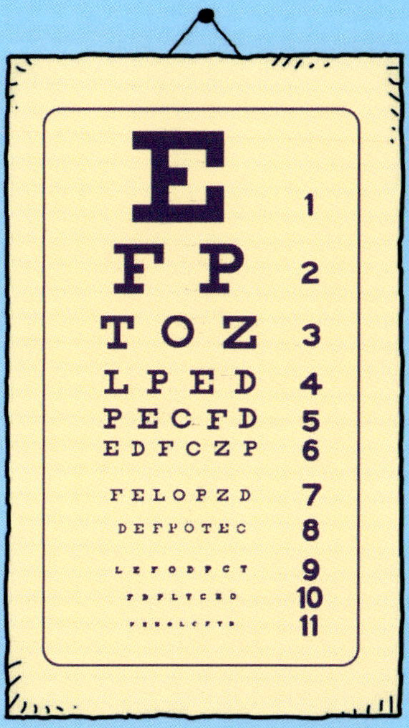

Eine Praxis der besonderen Art

Einer meiner Lieblingsärzte ist der **Ophthalmologe** – er weiß so ziemlich alles über unsere Augen, deswegen nennt man ihn auch ganz einfach Augenarzt. Bei dem war ich schon unzählige Male. Nicht, weil ich mich am Auge verletzt hätte, sondern weil ich eine Brille trage – schon ganz lange. Aber auch dort tut nichts weh, deswegen habe ich kein Problem damit, so oft zum Augenarzt zu gehen.

Ophthalmologe = Augenarzt =
Arzt, der die Augen behandelt

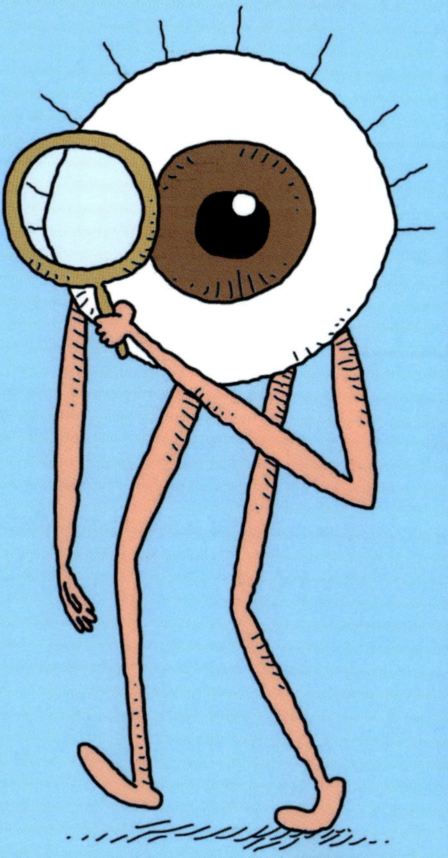

Diese Ärzte haben eine sehr starke Lupe. Sie bringen diese Lupe ganz nah an dein Auge und benutzen eine kleine Leuchte, um tief in deine Augen schauen zu können. Ab und zu bitten sie dich mal, nach oben, nach unten oder zur Seite zu schauen. Babyleicht!

Es gibt sonst noch jede Menge Tests und coole Geräte in einer Augenarztpraxis. Nichts davon tut weh. Das einzige Unangenehme sind die **Augentropfen.** Auch die tun nicht weh, aber man sieht eine Weile alles unscharf, wenn unsere Pupille erweitert wird. Die Pupille ist unsere Sehöffnung, durch die das Licht ins Auge eindringt. Die wird durch die Augentropfen erweitert, damit der Arzt besser sehen kann, was in unseren Augen los ist. Weil die Sehöffnung größer geworden ist, kommt viel mehr Licht durch, und wir sehen schlechter. Es ist nicht schön, geht aber vorbei. Einmal schlafen, und deine Augen sind wieder wie neu.

Au, aua ... Spritze!

Vor einer Sache hat jeder Angst: eine Spritze zu bekommen. Wenn die Krankenschwester oder der Arzt mit der Spritze um die Ecke kommt, kriegt sogar mein großer, durchtrainierter Cousin einen Schauder vor Angst – auch wenn er es nicht zugibt. Aber wieso müssen wir bloß mit einer Spritze gestochen werden? Wäre es nicht auch mit einer Pille, einer Salbe oder einem Spray getan?

Nein, leider nicht. Die Spritze wirkt einfach **viel schneller.** Wenn das Medikament sofort wirken muss, gibt es keinen Umweg, es muss gespritzt werden.

Eine Pille zum Beispiel landet zuerst im Magen, um verdaut zu werden. Deswegen dauert es viel länger, bis das Mittel den Blutkreislauf erreicht und anfängt zu wirken. In der Zeit machen es sich die Keime in deinem Körper bequem – und du fühlst dich kränklich und schlapp. Abgesehen davon, würden manche Medikamente einfach vom Verdauungssystem zerstört werden. Es bringt also nichts, sie durch den Mund einzunehmen. Sie würden schlicht und einfach null Wirkung haben. Durch die Spritze, auch **Injektion** genannt, gelangt das Medikament sofort in den Blutkreislauf und verteilt sich so augenblicklich im ganzen Körper. Schnelle Hilfe, wie im Galopp.

Rein oder raus?

Es gibt aber Situationen, in denen die Spritze nicht benutzt wird, um etwas einzuspritzen, sondern um was abzusaugen. Das ist zum Beispiel der Fall bei einer Blutabnahme.

Gebrauchsanweisung

Ein cooler Trick, um weniger Schmerzen bei der Spritze zu spüren, ist, sich abzulenken. Wenn wir nur darauf schauen, wie die Spritze näher und näher kommt, werden wir immer aufgeregter.
Das Beste ist, an was anderes zu denken – Musik hören, sich ein Spiel ausdenken, einen Grimassenwettbewerb mit den Eltern starten ... Das funktioniert, glaub mir!

Um genauer festzustellen, welche Krankheit vorliegt und welche Behandlung notwendig ist, müssen die Ärzte manchmal eine **Blutprobe** zum Labor schicken. Dort wird diese Probe getestet und analysiert. Mithilfe von Mikroskopen und anderen tollen Gerätschaften können die Techniker im Labor gründlich auflisten, welche Keime in deinem Blut schwimmen, welche Namen sie haben und zu welcher Kategorie sie gehören. Das ist fantastisch, denn der Arzt kann so das richtige Medikament für den speziellen Keim verabreichen, und die Krankheit wird sehr viel schneller geheilt.

Je nachdem was in deinem Blut untersucht wird, musst du bei der Blutabnahme einen nüchternen Magen haben. Das heißt, du darfst null Komma nix essen, vom Abend zuvor bis zur Untersuchung am frühen Morgen. Das ist ein bisschen nervig, aber danach kriegst du garantiert von deinen Eltern ein besonders tolles Frühstück.

Ein Video zu diesem und anderen spannenden Themen gibt es hier: johannes-erklaert-medizin.de/videos/spritzen/

Impfung

Kaum jemand kann sich an die erste Spritze erinnern. Das liegt wohl daran, dass der erste Stich uns erwischt, noch bevor wir sprechen oder laufen können. Schon als Babys werden wir in der Regel gegen viele schlimme Krankheiten geimpft. In Deutschland gibt es keine Impfpflicht, alle Impfungen sind freiwillig.

Du weißt schon: Wenn Viren, Bakterien oder Pilze – auch Mikroben oder Keime genannt – sich in unserem Körper einnisten, werden wir krank. Die Impfung ist eine schlaue Methode, die Ärzte und Wissenschaftler erfunden haben, um einige Krankheiten zu vermeiden.

Sie nehmen die **Erreger** einer Krankheit und entfernen den Kern ihrer zerstörerischen Kraft. Die so geschwächten Keime werden uns als Impfung verabreicht, in der Regel als Spritze. Wenn unser Körper merkt, dass sich etwas Fremdes eingeschlichen hat, fängt er sofort einen Krieg gegen die Einbrecher an. Er versammelt seine Verteidigungskräfte – die Antikörper –, um die gemeinen Keime zu beseitigen.

Ein cooler Trick

Und das ist der Trick der Impfung: Die harmlosen Keime werden in unseren Körper eingesetzt, um die Antikörper zu täuschen. Unser Körper reagiert, als ob er ernsthaft attackiert würde, und produziert Antikörper, die exakt diese spezielle Art von Eindringlingen bekämpfen. Das Tolle daran ist: Wenn zu einem späteren Zeitpunkt die gefährlichen Keime in unseren Körper eindringen, ist er schon mit ausreichenden Antikörpern vorbereitet und beendet das Thema auf der Stelle. Wir werden noch nicht mal krank!

Ein Haufen Untersuchungen

Es wäre eine coole Sache, wenn die Stelle unseres Körpers, die erkrankt ist, sprechen könnte. Dann würde der Arzt kurz mit ihr reden und genau erfahren, was los ist. Das Leben der Kranken wäre sehr viel leichter.

Aber weil das nicht möglich ist, tragen die Ärzte die Symptome zusammen und veranlassen verschiedene Untersuchungen, um herauszufinden, was dir **Ursache** für die Erkrankung ist und was man tun kann, um schnellstens wieder gesund zu werden.

Um die gesamte Situation besser einzuschätzen, fragt dich der Arzt, ob du Fieber oder Schmerzen hast, ob dir übel ist oder ob du dich übergeben musstest. Das alles sind Zeichen dafür, dass irgendwas in deinem Körper nicht in Ordnung ist. Deine Antworten sind für den Arzt das, was die Spuren für einen Detektiv sind. Sie helfen ihm, manche Krankheiten auszuschließen und andere aufzulisten, die vielleicht was damit zu tun haben, dass du dich so elend fühlst. Aber um seinen Verdacht zu bestätigen, braucht er auch noch einige Untersuchungen.

Für jedes Problem gibt es eine spezielle Untersuchung

Eine Röntgenaufnahme hilft zum Beispiel bei der Feststellung, ob ein Knochen gebrochen ist. Eine Blutuntersuchung ist ein anderes wichtiges Hilfsmittel. Auch dein **Urin** und dein **Stuhlgang** liefern wichtige Informationen über deinen gesundheitlichen Zustand, deswegen werden auch sie häufig untersucht.

Die Untersuchungen funktionieren wie ein Interview und erzählen sehr viel über deinen Körper. Jetzt tun wir mal so, als ob wir den Herrn Kacka Stink interviewen würden. Nase zu und durch!

Interview mit Herrn Kacka Stink

Unser Interviewpartner von heute, liebe Leserinnen und Leser, ist der uns allen bekannte Herr Stink. Er bringt übel riechende Fakten ans Licht. Seine exklusiven Enthüllungen werden uns in dieser beschiss…, ich meine bedauernswerten kranken Situation helfen.

REDAKTION: *Lieber Herr Stink, Sie werden immer wie Dreck behandelt, keiner will etwas mit Ihnen zu tun haben. Dabei transportieren Sie sehr wichtige Informationen in Ihrem, nun ja, ekelerregenden Körper. Wie geht das?*
HERR KACKA STINK: Wir Kackas bergen in uns viele Geheimnisse über die Person, die uns produziert. Wenn ein Spezialist unsere Bestandteile unter die Lupe nimmt, kann er zum Beispiel feststellen, ob die Person Würmer hat.

REDAKTION: *Aber wie wird das eigentlich gemacht?*
HERR KACKA STINK: Ganz einfach: Das Labor liefert kleine Behälter und kleine Spachtel, mit denen ein Erwachsener – der das Kind wirklich mag – eine Probe von seinem Stuhlgang nimmt.

REDAKTION: *Und was passiert mit dem Teil von Ihnen, den Sie der Wissenschaft spendieren?*

HERR KACKA STINK: Dieses Stückchen von mir wird ins Labor geschickt. Mithilfe eines Mikroskops wird es sehr genau untersucht. Die Ergebnisse zeigen, ob ich vielleicht Krankheitserreger in mir trage. Manchmal findet man da die Erklärung für die Probleme, die das Kind quälen, das mich gemacht hat. Das Labor schickt einen ausführlichen Bericht an den Arzt, mit all den interessanten Dingen, die in der Stuhlprobe entdeckt wurden. Dieser Bericht wird dem Arzt helfen, die richtige Behandlung zu verordnen. Und wenn Sie mir noch eine Ergänzung gestatten: Das Gleiche passiert mit meiner Cousine Pipi. Manchmal bitten die Ärzte die Person, die sich nicht wohlfühlt, ein bisschen Pipi in einen kleinen speziellen Becher zu machen, der dann ins Labor geschickt wird. Die Techniker untersuchen diese Urinprobe und schicken auch darüber einen Bericht zum Arzt.

REDAKTION:
Vielen Dank für diese durchaus sensationellen Informationen!

Zusammenfassung des Schlamassels

Läuse

Springen von einem zum anderen. Wenn sie sich einnisten, müssen auch die ganze Familie und die Schulkameraden behandelt werden.

Nasenblutung

Damit die Blutung aufhört: Eiswürfel in ein Küchen- oder Handtuch wickeln, auf die Nase halten und ganz ruhig sitzen bleiben.

Verbrennung

Lass die Verbrennung nicht weiter brennen! Halte die betroffene Stelle für eine ganze Weile unter kaltes Wasser.

Blaue Flecken

Direkt nach dem Stoß die Stelle mit Eiswürfeln, eingewickelt in ein Küchen- oder Handtuch, kühlen. Und Geduld haben: Dein Körper wird von allein dafür sorgen, dass die Schwellung verschwindet.

Tiefe Wunde

Da wird ein Arzt dir beim Wiederaufbau helfen müssen. Er bringt die Ränder zusammen, damit sie wieder zusammenwachsen.

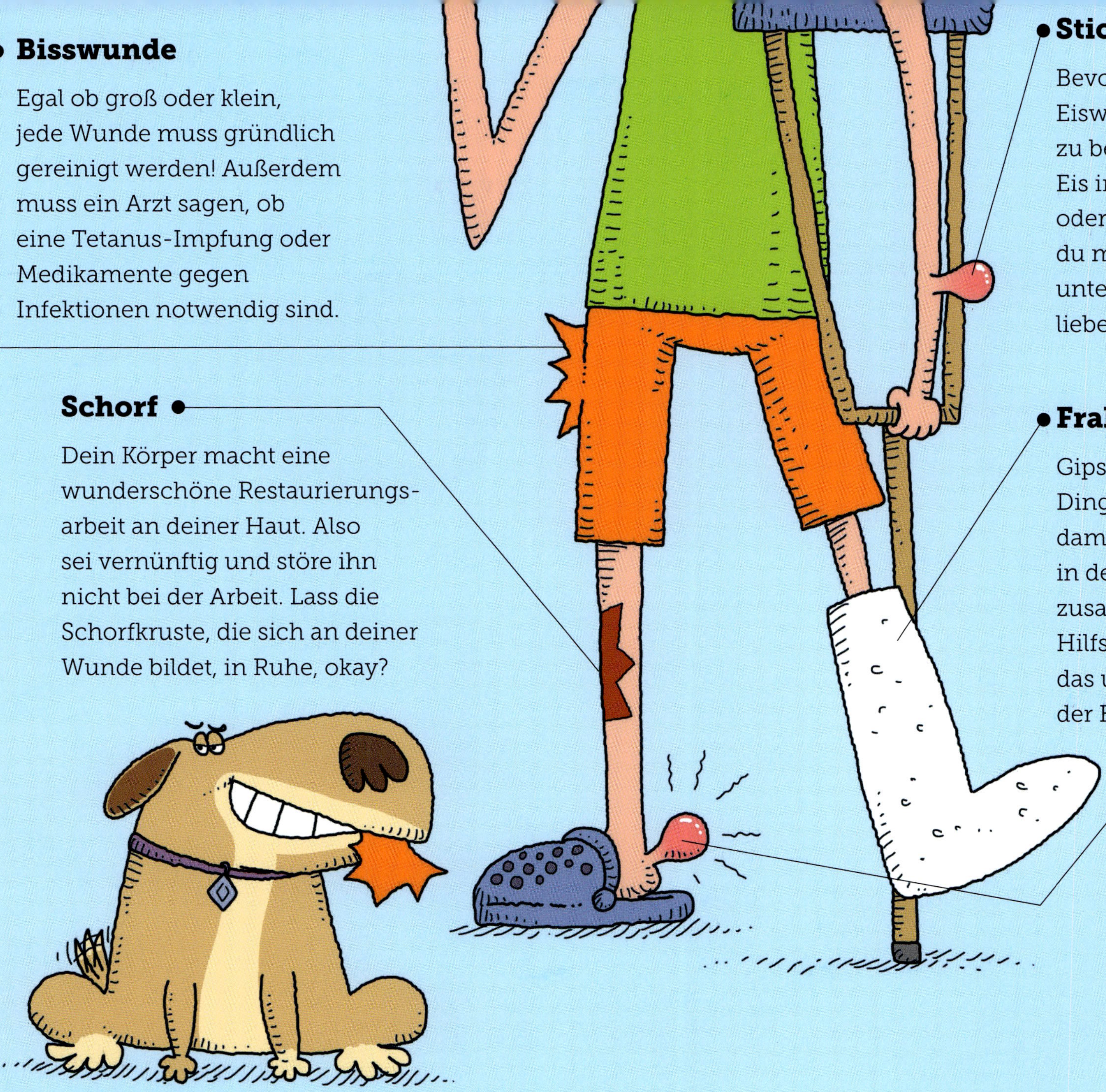

Bisswunde

Egal ob groß oder klein, jede Wunde muss gründlich gereinigt werden! Außerdem muss ein Arzt sagen, ob eine Tetanus-Impfung oder Medikamente gegen Infektionen notwendig sind.

Schorf

Dein Körper macht eine wunderschöne Restaurierungsarbeit an deiner Haut. Also sei vernünftig und störe ihn nicht bei der Arbeit. Lass die Schorfkruste, die sich an deiner Wunde bildet, in Ruhe, okay?

Stich

Bevor du anfängst zu kratzen, lege Eiswürfel auf die Stelle, um sie zu betäuben. Nicht vergessen: Das Eis immer schön in ein Küchen- oder Handtuch einwickeln! Wenn du mehrere Stiche hast oder unter einer Allergie leidest, gehe lieber schnell ins Krankenhaus.

Fraktur

Gips, Schiene und ähnliche Dinge sind erfunden worden, damit der gebrochene Knochen in der richtigen Position wieder zusammenwächst. Wer diese Hilfsmittel zu früh entfernt, geht das unnötige Risiko ein, dass der Knochen schief anwächst.

Blase

Egal wie eine Blase an deinem Körper entstanden ist: Das Geheimnis dabei ist, die Blase auf keinen Fall aufzustechen. Eine durchstochene Blase ist eine offene Tür für gefährliche Keime.

Immer spielen, aber schön auf deinen Körper aufpassen!

1. Vermeiden, vermeiden, vermeiden

Mit Socken auf glattem Fußboden herumzurennen, in der Küche zu spielen, wenn auf dem Herd heiße Sachen stehen, mit einer Schere in der Hand herumzulaufen, mit Feuer oder mit einem Messer zu spielen – das sind alles Sachen, die zu großem Ärger und Verletzungen führen können. Lass das einfach sein!

2. Fragen, fragen, fragen

Je besser du verstehst, was in deinem Körper vor sich geht, umso schneller wird deine Genesung sein. Du wirst zum Beispiel verstehen, warum der Arzt sagt, dass du nicht Fußball spielen solltest, wenn du einen Gips am Bein hast. Fragen macht das Leben sehr viel einfacher. Probier das mal!

3. Erklären, erklären, erklären

Je mehr du deiner Familie und dem Arzt erzählst, was du an deinem Körper empfindest oder auf dem Herzen hast (ob es dir kalt ist, ob es irgendwo wehtut, ob du Angst hast oder sehr müde bist ...), umso einfacher wird es für sie sein, das Problem zu finden – und damit auch die Lösung. Ein offenes Gespräch hilft sehr. Keine Scheu!

4. Du kannst weinen, so viel du willst, aber kein Theater machen, versprochen?

Wenn wir Schmerzen oder Kummer haben oder wenn was Unbekanntes uns Angst macht, ist es ganz normal, dass wir weinen. Das wird dir keiner übel nehmen. Aber nicht übertreiben und vor Wut toben, das bringt alles erst richtig durcheinander. Treten, strampeln, sich weigern, Medikamente einzunehmen, hilft nichts und niemandem. Du willst doch schnell wieder gesund werden, oder?
Bleib cool!

Die Autorin

Fátima Mesquita ist Tochter eines Arztes und in Brasilien groß geworden, in der Nähe des Krankenhauses Margarida, wo ihr Vater gearbeitet hat. Das Krankenhaus lag in unmittelbarer Nähe zu ihrem Elternhaus in einer kleinen Stadt in Minas Gerais.

In ihrer Kindheit hat sie viel Fußball gespielt, mit selbst gebastelten Raketen experimentiert, ist über Zäune und durch Fenster gesprungen und hat dabei einige Blasen, blaue Flecken und Narben gesammelt. Sie hat ganze Städte aus leeren Medikamentenschachteln gebaut, mit Stethoskopen und Reagenzgläsern herumhantiert, während sie den Gesprächen ihres Vaters lauschte. Dr. Lúcio sagte immer, Unfälle kann man vermeiden.

Ihre Neugierde über den menschlichen Körper und über andere Kreaturen hat sie dazu gebracht, mehrere Bücher zu schreiben, unter anderem: „Die unglaubliche Fabrik von Aa, Pipi und Pups", „ Jäger des verlorenen Popels", „Das große Buch der Pupse, Popel und anderer ekliger Dinge",

„Das große Buch der Kakerlaken, Regenwürmer und anderer ekliger Tiere" und „Piraten – die schrecklichsten Menschen der Weltgeschichte", alle im Verlag Panda Books erschienen.

Der Illustrator

Fábio Sgroi hat keinen Arzt in der Familie, war aber als Kind häufiger krank, und deswegen hat er sehr viele Krankenhäuser kennengelernt. Nach einem Unfall musste er sogar mal eine ganze Woche im Krankenhaus bleiben! Man erzählt, dass er sich nach diesem Aufenthalt – ohne erkennbaren Grund – entschieden hat, Illustrator zu werden. Es wird gemunkelt, diese Entscheidung hätte damit zu tun, dass er sich bei diesem Unfall schlimm den Kopf gestoßen habe. Diese Theorie wurde aber bis heute weder bestätigt noch dementiert. Tatsache ist, dass er in zwanzig Jahren über hundert Bücher für viele tolle Autoren illustriert hat.

Das hier ist das fünfte Buch, das er für Fátima Mesquita illustriert hat. Einige Bücher hat er sogar selbst geschrieben: „Kind sein ist ... – Rechte von Kindern und Jugendlichen", „Kind sein ist ... – Allgemeine Erklärung der Menschenrechte für Kinder", „Alt sein ist ... – Statut der Senioren für Kinder", „Alles unter Kontrolle" und „Das Buch des Werwolfs".

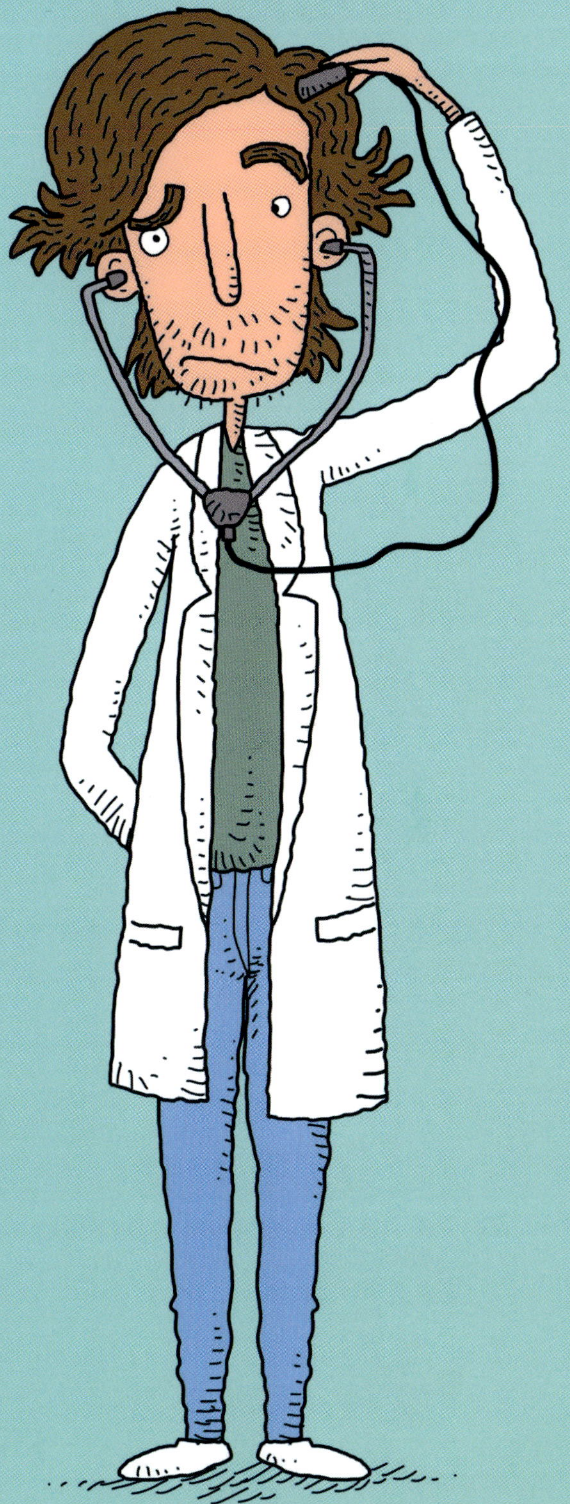

Der Herausgeber

Dr. Johannes Wimmer ist Arzt und hilft den Menschen am liebsten dort, wo sie heute als Allererstes hingehen, wenn es ihnen schlecht geht: im Internet. Da man aber nicht immer weiß, ob das, was man alles im Internet findet, richtig ist, schreibt er zusammen mit anderen Menschen tolle Bücher über Gesundheit und Krankheit – so wie dieses Buch.

Johannes ist der erste Arzt in seiner Familie und somit der Erste, der sich mit dieser besonderen Sprache beschäftigt hat. Deshalb weiß er, wie wichtig es ist, dass Ärzte sich mit ihrer Sprache verständlich machen.

Der Papa von Johannes ist gestorben, als er ein kleiner Junge war, und an dem Tag, an dem die Ärzte seinem Vater nicht helfen konnten, hat er sich geschworen, nie wieder nur danebenstehen zu müssen, wenn es Menschen schlecht geht.

Erst wusste Johannes nicht, ob er ein guter Arzt werden kann, da er in der Schule in den Fächern, die für Medizin wichtig sind, nicht so gut war. Er hat aber schnell gemerkt, dass man alles, was man wissen muss, um ein Arzt zu sein, lernen kann. Um ein richtig guter Arzt zu sein, ist es aber noch viel wichtiger, gut zuhören zu können und zusammen mit den Menschen, die Hilfe brauchen, zu überlegen, was für sie das Beste ist.

Ihr könnt Johannes im Internet finden, manchmal tritt er auch im Fernsehen und im Radio auf und schreibt eben Bücher – eins davon hast du ja eh schon in der Hand.

Ein Video zu diesem und anderen spannenden Themen gibt es hier: johannes-erklaert-medizin.de/videos/der-herausgeber/